한 그루의 나무가 모여 푸른 숲을 이루듯이
청림의 책들은 삶을 풍요롭게 합니다.

어린이 고민 상담소
이럴 땐, 이렇게!

이태윤 글 · 김석주 그림

"걱정하지 마, 언제나 해결 방법은 있거든!"

청림Life

어린이 고민 상담소에 오신 걸 환영합니다

발표를 하고 싶은데 답이 틀릴까 봐 망설인 일이 있었나요? 그때 여러분은 어떻게 행동했나요? 정답을 큰 소리로 말했는데 선생님이 칭찬하고 친구들이 감탄하며 손뼉을 치는 모습은 생각만 해도 짜릿합니다. 반대로 자신 있게 발표했는데 틀린 답이었다면 그 뒤에 일어날 일은 상상하기도 싫어지죠.

이럴 땐 어떻게 해야 할까요? 용기 내서 발표를 계속할까요? 마음 편하게 조용히 있어야 할까요? 부담을 갖고 꼭 한 가지 행동을 선택할 필요는 없어요. 왜냐하면 문제를 해결할 더 많은 방법이 있기 때문이죠.

초등학교에서 학생들을 가르치면서 어린이 친구들이 자주 겪는 고민을 알게 되었어요. 그리고 그것을 어떻게 해야 할지 몰라 망설이는 모습을 자주 보았습니다. 작은 도움이 되고 싶어서 이 책을 쓰기 시작했지요.

 부엉이 요정이 친구들이 겪었던 경험을 떠올리고 해결 방법을 찾을 수 있게 도와줄 거예요. 그 방법이 나에게 딱 맞지 않더라도 하나씩 따라 하다 보면 나만의 방법을 찾을 수 있답니다.
 고민만 한다면 아무것도 달라지지 않지요. 이 책을 읽고 행동으로 옮겨 보세요. 여러분의 씩씩한 초등 생활을 응원합니다.

이태윤

나의 고민 일기장 사용법

1 아이에게 질문과 같은 일을 겪었는지 물어보세요. 없다면 이런 친구를 본 적이 있는지 물어보세요. 그럼 말하기 힘든 자신의 고민을 친구의 일에 빗대어 솔직하게 적을 수 있습니다.

2 글쓰기를 힘들어한다면 대화를 나누고 그것을 토대로 첫 문장을 대신 적어 주세요. 아이들은 부모님이 글 쓰는 과정을 보면서 글쓰기에 흥미를 붙이기도 합니다.

3 "또 다른 방법은 없을까?" 하고 물어보세요. 행동하는 방법을 다양하게 생각하면 고민 상황에서 창의적으로 해결하는 힘이 생깁니다.

4 아이가 어떻게 해야 할지 잘 모른다고 하면 "만약 친구에게 이런 일이 생긴다면 어떤 말을 해 주고 싶니?" "어떻게 도와주고 싶니?" 하고 물어보세요. 아이와 가까운 친구를 예로 들면 아이가 상황에 몰입하는 데 도움이 됩니다.

차례

어린이 고민 상담소에 오신 걸 환영합니다 **004**
나의 고민 일기장 사용법 **007**

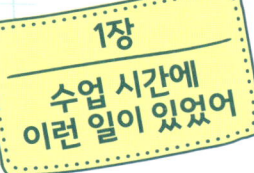

1장 수업 시간에 이런 일이 있었어

1　발표할 때 틀릴까 봐 걱정돼 **013**
2　수행 평가를 망쳤어 **017**
3　수업 시간에 집중이 안 돼 **021**
4　시험을 앞두고 너무 떨려 **025**
5　선생님이 무섭고 멀게 느껴져 **029**
6　일기에 쓸 내용이 떠오르지 않아 **033**
7　수업 시간에 친구가 자꾸 말을 걸어 **037**
8　친구가 먼저 놀려서 말다툼했는데 선생님께 혼났어 **041**
9　수업 중에 자꾸 웃기고 싶어 **045**
10　선생님이 나만 혼내는 것 같아 **049**

11 급식에 싫어하는 음식이 나왔어 **055**
12 비 오는 날 신발이 젖었어 **059**
13 학교에서 신발이 사라졌어 **063**
14 친구가 아픈 것 같아 **067**
15 친구 집에 놀러 갔어 **071**
16 선생님께 전화할 일이 생겼어 **075**
17 종이에 손가락을 베였어 **079**
18 책상 서랍에서 물건을 못 찾겠어 **083**
19 핸드폰을 잃어버렸어 **087**
20 교실 에어컨 바람이 너무 추워 **091**

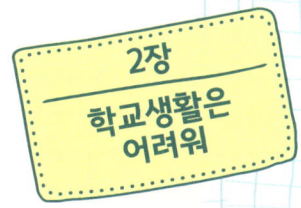

2장
학교생활은 어려워

3장
내 마음이 궁금해

21 시험을 잘 봐서 자랑하고 싶어 **097**
22 같은 실수를 반복해 **101**
23 계획을 실천하기 어려워 **105**
24 아무리 노력해도 안 되는 일이 있어 **109**
25 나는 잘하는 것이 없는 것 같아 **113**
26 1등을 너무 하고 싶어 **117**
27 나는 못생긴 것 같아 **121**
28 너무 화가 나서 물건을 던졌어 **125**
29 양보하는 건 어려워 **129**
30 게임과 숙제 중에 무엇을 먼저 할지 고민돼 **133**

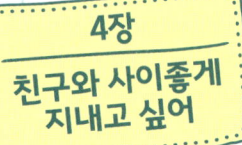

4장
친구와 사이좋게 지내고 싶어

31 내가 한 말 때문에 친구가 마음을 다쳤어 **139**

32 친구가 갑자기 나를 피하는 것 같아 **143**

33 친구가 나의 비밀을 다른 아이들에게 말했어 **147**

34 좋아하는 친구가 생겼어 **151**

35 싫어하는 친구와 같은 반이 됐어 **155**

36 친구에게 말을 걸기 어려워 **159**

37 친구가 내 행동을 지적해 **163**

38 내가 물건을 훔쳤다고 거짓말하는 친구가 있어 **167**

39 나한테만 화내는 친구가 있어 **171**

40 힘이 세다고 함부로 행동하는 친구가 있어 **175**

1장

수업 시간에
이런 일이 있었어

1 발표할 때 틀릴까 봐 걱정돼

과학 시간에 선생님께서 퀴즈를 내셨어.

 마그마가 땅속 깊은 곳에서 천천히 굳으면 이것이 됩니다. 이것은 무엇일까요?

나는 속으로 화강암을 생각했어. 나도 모르게 손을 번쩍 들었지. 그런데 혹시나 정답이 아닐 수도 있다는 생각에 다시 손을 내렸어. 혹시나 틀린 답을 말해서 친구들이 웃으면 부끄럽잖아.

 깨칠이는 왜 손을 들었다가 내렸나요?
 좀 더 생각해 보겠습니다…….

곧이어 깨정이가 손을 번쩍 들고는 말했어.

 정답은 화강암입니다.
 정답이에요. 모두 박수!

나도 답을 알고 있었는데! 너무 아쉬웠어. 씩씩하게 발표하고 싶은데 틀릴까 봐 걱정될 때는 어떻게 하면 좋을까?

나의 고민 일기장

발표할 때 틀린 답을 말하거나,
친구들이 놀릴까 봐 걱정한 적이 있니?

그런 적이 있다면 그때를 떠올리며 나의 마음을 써 보자.

없다면 이런 상황에서 나는 어떻게 할지 써 보자.

이럴 땐, 이렇게!

 발표하기 전에 선생님께 답이 틀려도 괜찮은지 여쭤봐. 선생님께서는 분명히 된다고 하실 거야. 그럼 마음 놓고 발표할 수 있어.

 조금 늦게 발표하면 실수를 줄일 수 있어. 다른 친구들이 발표하는 것을 듣다 보면 내 생각이 정답이라는 확신이 생길 때가 있거든. 바로 이때가 발표할 기회야!

 발표가 너무 부담스럽다면 다음 기회로 넘기자. 발표하고 말고는 나의 선택이야. 언젠가는 씩씩하게 발표할 수 있는 날이 올 거야.

tip

발표할 때 떨리거나, 걱정되는 것은 자연스러운 일이야. 그러니 너무 걱정하지 말자.

2
수행 평가를 망쳤어

선생님께서 수행 평가 시험지를 나눠 주셨어. 나름 잘했다고 생각했는데 낮은 점수가 나왔어. 가슴이 답답하고, 시간이 멈춘 것처럼 멍했지. 정말로 내 시험지가 맞는지 이름을 계속 확인했어.

🧑 깨칠아, 무슨 일 있어?

🧑 지금은 말 걸지 말아 줘.

🧑 왜 무슨 일인데?

🧑 말할 기분이 아니야.

🧑 그래? 그럼 내일은 말 걸어도 될까?

🧑 왜 자꾸 말을 거는 거야!

🧑 미안해. 나는 네가 걱정되어서 그랬어.

🧑 으으……! 너 정말 짜증 나!

시험 때문에 속상한 나머지 나를 걱정해 준 깨정이에게 화를 내고 말았어. 수행 평가를 망쳤을 때는 어떻게 하면 좋을까?

나의 고민 일기장

수행 평가나 시험을 망쳐서 속상한 적 있니?

그런 적이 있다면 그때를 떠올리며 나의 마음을 써 보자.

없다면 이런 상황에서 나는 어떻게 할지 써 보자.

이럴 땐, 이렇게!

 수행 평가를 망쳤다고 자신이나 다른 사람에게 화를 내면 안 돼. 자신에게 화를 내면 기분이 우울해지고, 다른 사람에게 화를 내면 관계가 나빠지기 때문이야. 화를 낸다고 해서 달라지는 건 아무것도 없어.

 수행 평가를 망친 이유를 적어 보자. 준비가 부족했는지, 너무 긴장했는지, 그날 몸이 아팠는지 떠올리며 솔직하게 적어 봐. 이유를 찾으면 다음에는 잘 준비할 수 있어.

우울한 마음을 털어 내고 결과를 받아들이자. 수행 평가 결과는 되돌릴 수 없잖아. 아쉬움은 뒤로하고 부족한 부분을 준비해서 다음 기회에 잘 보면 돼.

tip
때로는 실수나 실패에서 배우는 경험이 더 중요할 때도 있어.

3 수업 시간에 집중이 안 돼

나는 수학 시간이 싫어. 앞에서 배운 내용도 이해하지 못했는데 선생님은 새로운 것을 설명하고 계셨어. 나는 몰래 만화책을 꺼내 읽기 시작했지.

🧒 수업 시간에 만화책을 보면 어떡해?

👦 이해가 안 되는 수업을 듣는 건 시간 낭비야.

🧒 그럴수록 더 열심히 해야지.

👦 잔소리 대마왕!

🧒 뭐라고?!

깨정이에게 눈치가 보여서 수업에 더 집중이 안 되었어. 나는 만화책을 집어 넣었어.

👦 이제부터는 열심히 수업을 들어 볼까?

하지만 집중력은 오래가지 않았어. 수업 내용은 이해가 안 되고, 깨정이도 신경 쓰이고……. 수업 시간에 집중이 안 될 때는 어떻게 하면 좋을까?

나의 고민 일기장

수업에 집중이 안 되거나,
선생님 몰래 딴짓을 한 적 있니?

그런 적이 있다면 그때를 떠올리며 나의 마음을 써 보자.

없다면 이런 상황에서 나는 어떻게 할지 써 보자.

이럴 땐, 이렇게!

👆 자꾸 다른 생각이 난다면 중요한 내용에 밑줄을 긋자. 또는 공책에 수업 내용을 따라 적어 봐. 손을 움직이면 생각을 멈추고 집중할 수 있어.

✌️ 친구와 떠들고 싶을 때는 선생님의 마음을 생각해 보자. 만약 내가 앞에 나가서 말하고 있는데 친구들이 떠들고 있으면 기분이 안 좋겠지? 쉬는 시간이 될 때까지 참아 보자.

 수업 내용이 어렵다면 질문을 해 보자. 손을 들어 이해되지 않는 부분을 질문하거나, 따로 표시해 두었다가 수업이 끝나면 선생님께 여쭤보는 거야.

tip
혹시 집중하기 싫어서 핑계를 대는 것은 아닌지 잘 생각해 보자.

4
시험을 앞두고 너무 떨려

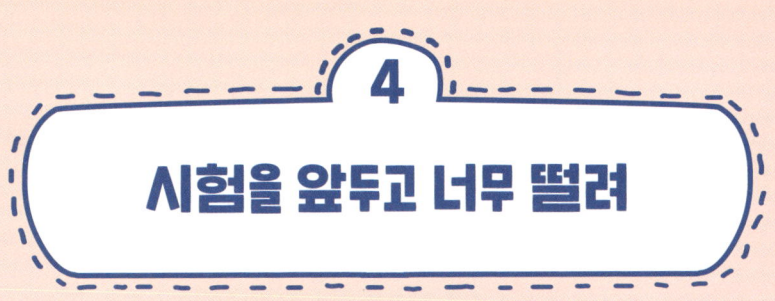

단원 평가를 보는 날, 아침부터 심장이 콩닥콩닥 뛰었어. 긴장되어 손에 땀이 나고 머리까지 지끈거렸지.

 선생님, 잠깐 양호실에 다녀와도 될까요?
 많이 아픈가요? 다녀오세요.

양호실에 가니 거짓말처럼 머리가 안 아팠어. 나는 교실로 다시 돌아가 자리에 앉았어. 그러자 또 머리가 아프기 시작했어.

 선생님, 양호실에 다녀와도 될까요?
 조퇴하고 병원에 가는 게 어떨까요?
 아니에요. 빨리 다녀오겠습니다!

양호실에 가니 또 괜찮아졌어. 교실로 돌아가니 다른 친구들은 이미 단원 평가를 보고 있었지. 그런데 그 모습을 보니 다시 머리가 아픈 것 같았어. 시험을 앞두고 긴장될 때는 어떻게 하면 좋을까?

나의 고민 일기장

시험을 앞두고 많이 긴장한 적 있니?

그런 적이 있다면 그때를 떠올리며 나의 마음을 써 보자.

없다면 이런 상황에서 나는 어떻게 할지 써 보자.

이럴 땐, 이렇게!

☝ 시험이 부담스러운 이유를 찾아보자. 목표를 너무 높게 잡아서 그런 건지, 부모님의 잔소리가 무서워서 그런 건지 말이야. 이유를 알아야 해결할 수 있어.

✌ 시험 결과를 신경 쓰지 말자. 시험은 내가 배운 것을 점검하는 시간일 뿐이야. 점수보다는 시험을 준비하면서 내가 잘하는 것, 관심 있는 것을 찾아보는 게 더 중요해.

✌ 만약 시험을 볼 때 시간이 부족해서 긴장된다면 평소에 연습을 하자. 연습할 때도 시험을 보는 것처럼 시간을 정해 놓고 문제를 풀면 도움이 될 거야.

tip

시험은 나를 알아 가는 즐거운 과정이야.

5
선생님이 무섭고 멀게 느껴져

선생님은 수업 시간에 딴짓하는 것을 좋아하지 않으셔. 그래서 수업 시간에는 정신을 바짝 차려야 해. 하지만 생각처럼 잘 안 될 때가 많아. 그 날도 잠시 딴생각을 하다가 선생님의 설명을 놓치고 말았어.

 깨정아, 선생님께서 내일 준비물이 뭐라고 하셨지?

 네가 여쭤보면 되잖아.

 그러다 혼나면 어떡해.

 방금 너 때문에 나까지 설명을 놓쳤어!

선생님이 화를 내실까 봐 질문하기가 어려웠어. 결국 고민하다가 수업이 끝나고 말았지. 선생님이 무섭고 멀게 느껴질 때는 어떻게 하면 좋을까?

나의 고민 일기장

선생님이 무섭고 멀게 느껴진 적 있니?

그런 적이 있다면 그때를 떠올리며 나의 마음을 써 보자.

없다면 이런 상황에서 나는 어떻게 할지 써 보자.

이럴 땐, 이렇게!

☝️ 친구들의 성격이 다르듯 선생님마다 성격이 다 달라. 친절한 선생님에게서 배울 점이 있는 것처럼 엄격한 선생님에게서도 배울 점이 있지.

✌️ '선생님은 무서운 사람'이라고 성급하게 결정하지 말자. 서로 익숙해지기 위해서는 시간이 필요해. 특히 학기 초에는 교실에서 약속하고 지켜야 할 것이 많아서 선생님이 더 엄격해지기도 하거든.

✌️ 선생님이 자꾸 불편하고 어렵다면 선생님께 솔직하게 말해 보자. 말하기 어렵다면 편지를 쓰는 방법도 있어. 조용히 선생님 책상에 올려놓으면 선생님이 읽고 나서 답장을 주실 거야.

tip

나와 가깝지 않고, 나에게 친절하지 않는다고 해서 그 사람이 이상한 것은 아니야. 누구에게나 시간이 필요한 법!

6 일기에 쓸 내용이 떠오르지 않아

일기를 쓸 때마다 힘들어. 무엇을 써야 할지 모르겠거든. 그렇지 않니?

🧑 깨칠아, 일기 썼니?

👦 쓸 내용이 없는걸요.

🧑 그럼 방 청소를 하고 그걸 쓰면 어때?

👦 그건 특별한 일이 아니잖아요.

🧑 설거지는 어때? 평소에는 하지 않는 일이잖니. 하하.

👦 자꾸 놀리지 마세요…….

🧑 세탁기를 돌리거나, 빨래를 개는 건 어때?

👦 아빠!

나는 그날 아빠와 실랑이했던 일을 일기에 썼어. 하지만 다음에는 또 무슨 내용을 써야 할지 벌써 고민돼. 일기에 쓸 내용이 떠오르지 않을 때는 어떻게 하면 좋을까?

나의 고민 일기장

일기에 쓸 내용이 떠오르지 않거나,
귀찮아서 일기 쓰기가 싫은 적 있니?

그런 적이 있다면 그때를 떠올리며 나의 마음을 써 보자.

없다면 이런 상황에서 나는 어떻게 할지 써 보자.

이럴 땐, 이렇게!

 하루 동안 겪은 일을 모두 쓰자. 몇 시에 눈을 떠서 무엇을 했는지, 점심으로 무엇을 먹었는지, 책을 읽다가 낮잠을 잤다거나, 게임을 했다거나 사소한 일까지 모두 적어 보자.

 그림을 그리거나, 사진을 찍어서 붙여도 좋고, 노래를 만들어도 돼. 일기를 반드시 글로만 써야 하는 건 아니거든.

tip

일기의 목적은 하루를 기록하는 거야. 여러 가지 방법으로 나의 하루를 표현해 보자.

7
수업 시간에 친구가 자꾸 말을 걸어

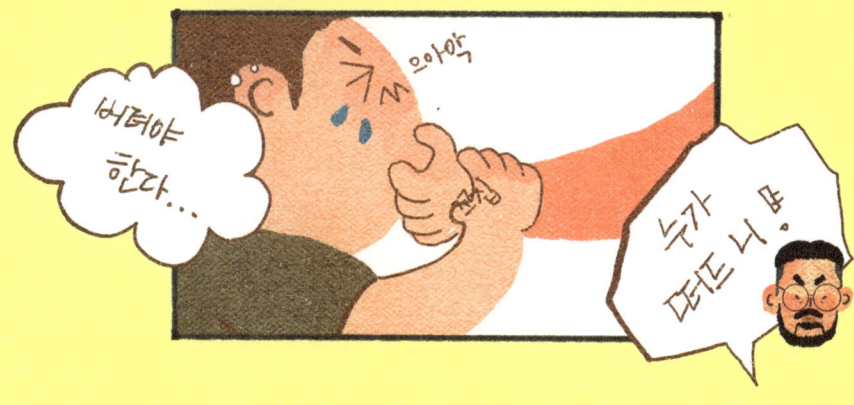

수업 시간에 짝꿍인 깨정이가 말을 걸었어.

 이따 점심시간에 같이 도서관 가지 않을래?

 쉿! 조용히 해.

 《놓지 마 급식줄》 15권이 들어왔대. 빨리 가야 해!

자꾸 말을 거는 깨정이에게 그만하라고 말하려는 순간, 선생님과 눈이 마주치고 말았지.

 수업 시간에 떠들면 안 된다고 했죠? 깨칠이, 깨정이 뒤로 나가세요.

뒤에 나가서도 깨정이가 계속 말을 걸어서 마음이 조마조마했어. 수업 시간에 친구가 자꾸 말을 걸 때는 어떻게 하면 좋을까?

나의 고민 일기장

수업 시간에 친구가 자꾸 말을 걸거나,
친구에게 말을 걸고 싶은 적 있니?

그런 적이 있다면 그때를 떠올리며 나의 마음을 써 보자.

없다면 이런 상황에서 나는 어떻게 할지 써 보자.

이럴 땐, 이렇게!

 쉬는 시간에 이야기하자고 말하자. 이 말을 못해서 같이 잔소리를 듣는 친구들이 많아. 내 의견을 정확히 말하지 않으면 친구가 계속 말을 걸 수 있어.

그래도 친구가 계속 말을 건다면 선생님을 찾아가서 이렇게 말해 보자. "선생님, 죄송하지만 자리를 바꿀 수 있을까요? 수업에 집중하고 싶은데 친구가 자꾸 말을 걸어요." 친구가 행동을 바꾸지 못한다면 나라도 그 상황에서 빠져나와야 해.

tip
행동하지 않으면 아무것도 바뀌지 않아. 친구에게 솔직하게 말하는 것을 두려워하지 말자.

8
친구가 먼저 놀려서 말다툼했는데 선생님께 혼났어

피구를 하는데 갑자기 공이 나를 향해 날아왔어. 나는 어제 발목을 다쳐서 공을 피하지 못했어. 그러자 깨정이가 나를 놀리기 시작했어.

🧑‍🦰 그걸 놓치다니. 느림보!

🧑‍🦱 발목을 다쳐서 그런 거야.

🧑‍🦰 그랬구나. 미안하다, 느림보야.

🧑‍🦱 그만 놀려라. 땅콩아!

🧑‍🦰 뭐? 땅콩이라고?!

🧑‍🦱 네가 먼저 놀렸잖아!

우리는 말다툼을 멈추지 않았고 결국 선생님께 혼이 났어. 친구가 먼저 놀려서 말다툼했는데 선생님께 혼났을 때는 어떻게 하면 좋을까?

나의 고민 일기장

친구가 먼저 놀리고 장난을 시작해서
말다툼을 하게 되었는데 선생님께 혼난 적 있니?

그런 적이 있다면 그때를 떠올리며 나의 마음을 써 보자.

없다면 이런 상황에서 나는 어떻게 할지 써 보자.

이럴 땐, 이렇게!

☝️ 친구에게 왜 그런 말을 했는지 물어보자. 친구가 놀리려고 한 게 아닌데 오해했을 수도 있으니 말이야. 친구는 네가 먼저 놀렸다고 생각했을 수도 있어. 물어보기만 해도 오해를 풀 수 있지.

✌️ 친구가 일부러 그렇게 했더라도 똑같이 갚아 주려고 하지 말자. 친구가 민다고 똑같이 밀고, 꼬집는다고 똑같이 꼬집으면 다툼이 계속될 뿐이야.

🖖 단순히 나를 화나게 만들려고 친구가 놀렸다면 그만하라고 말하자. 그리고 이 내용을 선생님이나 부모님께 말씀드리자. 내 힘만으로 안 되는 일은 어른들에게 도와 달라고 해야 해.

tip

다툼은 한 명이 멈춰야 끝날 수 있어.

9
수업 중에 자꾸 웃기고 싶어

요즘 들어 수업 시간에 자꾸 웃기고 싶은 마음이 들어.

 자, 혹시 발표할 사람?

 람? 람보르기니.

 뭐라고?

 발표할 사~람보르기니!

나도 모르게 말이 입 밖으로 나와 버렸어. 그런데 친구들이 깔깔대며 웃기 시작했지. 어떤 친구는 내 말투를 따라 했어. 그러자 큰일을 해낸 것처럼 기분이 뿌듯하고 짜릿했어.

 혹시 발표하고 싶은 친구가 있나요?

 요! 요구르트! 맛있는 요구르트!

 이제 그만!

결국 나는 교실에 남아서 선생님께 혼나고 말았어. 수업 중에 자꾸 웃기고 싶은 마음이 들 때는 어떻게 하면 좋을까?

나의 고민 일기장

수업 중에 친구들을 웃기고 싶은 적 있니?

그런 적이 있다면 그때를 떠올리며 나의 마음을 써 보자.

없다면 이런 상황에서 나는 어떻게 할지 써 보자.

이럴 땐, 이렇게!

 한 번 장난을 쳤으면 멈추자. 친구들이 다 같이 웃었다면 그걸로 충분해. 계속 장난을 치면 수업에 방해가 되거든. 수업에 집중하고 싶은 친구도 있어.

 선생님이 그만하라고 하면 반드시 멈추자. 선생님의 "그만"이라는 말은 "이제 수업으로 돌아가자"라는 뜻이야. 계속 수업을 방해하면 선생님께 혼날 거야.

 만약 수업 시간에 자꾸 장난을 치는 게 습관이 되었다면 고치도록 노력하자. 나도 모르게 실수할 수 있거든. 평소에 장난을 너무 많이 치면 진심으로 하는 말도 친구들이 농담으로 받아들일 수도 있어.

tip

수업 시간에 웃기고 싶을 때는 웃긴 말이나 행동을 해도 괜찮은 분위기인지 파악하자.

10 선생님이 나만 혼내는 것 같아

숙제를 검사하는 날이었어. 깨정이와 나는 둘 다 숙제를 안 했기 때문에 긴장하고 있었지.

 깨정이는 숙제를 안 했나요?

 다음에는 꼭 하겠습니다. 죄송합니다.

 깨칠이도 숙제를 안 했나요?

 어제 학원을 마치고 너무 피곤해서 못 했습니다.

 학원 핑계가 벌써 몇 번째인가요?

 끙…….

선생님은 정말 너무해. 깨정이도 똑같이 숙제를 안 했는데 왜 나만 혼을 내셨을까? 선생님이 미워졌어. 선생님이 나만 혼내는 것 같을 때는 어떻게 하면 좋을까?

나의 고민 일기장

선생님이 나만 혼내거나, 나만 미워한다고 느낀 적 있니?

그런 적이 있다면 그때를 떠올리며 나의 마음을 써 보자.

없다면 이런 상황에서 나는 어떻게 할지 써 보자.

이럴 땐, 이렇게!

☝ 먼저 내가 지적받을 일을 했는지 잘 생각해 보자. 숙제를 제대로 했는지, 수업 시간에 떠들지 않았는지, 다른 친구들을 방해하지는 않았는지 생각해 보자.

 잘못했을 때는 솔직하게 말하자. 핑계를 대거나 거짓말을 하면 선생님 눈에는 다 보이거든. 솔직하게 말하면 혼이 나지 않을 일인데 거짓말을 하거나 핑계를 대서 혼이 날 수도 있어.

 계속해서 나만 혼난다는 생각이 들면 선생님께 이렇게 이야기하자. "선생님, 친구들과 같이 떠들었는데도 자꾸 저만 혼내시는 것 같은 기분이 들어요." 선생님은 여러 학생이 떠들어도 자주 떠들던 학생만 보일 때가 있거든.

tip

선생님께 지적을 자주 받는다면 안 좋은 행동이 습관이 되지는 않았는지 생각해 보자.

2장

학교생활은 어려워

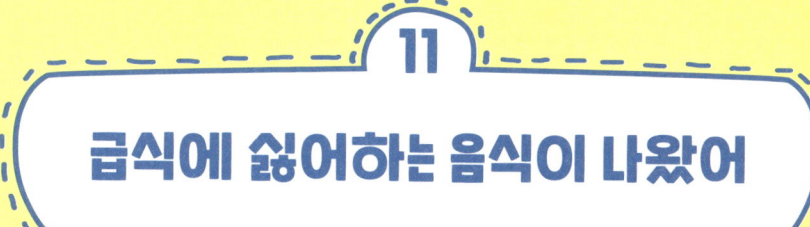

11
급식에 싫어하는 음식이 나왔어

기다리고 기다리던 점심시간이 되었어. 오늘은 과연 어떤 음식이 나올지 기대하고 있었지. 그런데 식단표를 살피던 깨정이가 소리쳤어.

 꺄악!

왜? 무슨 일이야?

 비상! 비상!

설마…… 미역국이 나온 건 아니겠지?

 미역국이야. 게다가 생선조림도 있어.

으악! 다음은……?

 가지무침과 김치야.

우리는 싫어하는 음식이 비슷해. 미역국은 입안에서 미끄러지는 느낌이 들어서 싫고, 생선은 비린내가 나서 싫어. 가지무침은 맛이 없고, 김치는 매워서 먹기가 힘들어. 급식에 싫어하는 음식이 나왔을 때는 어떻게 하면 좋을까?

나의 고민 일기장

급식에 싫어하는 음식이 나와서 곤란해한 적 있니?

그런 적이 있다면 그때를 떠올리며 나의 마음을 써 보자.

없다면 이런 상황에서 나는 어떻게 할지 써 보자.

이럴 땐, 이렇게!

급식을 받을 때 "조금만 주세요"라고 말하자. 급식 아주머니가 들으실 수 있도록 큰 소리로 이야기해야 해. 먹지 않을 음식을 받는 것은 낭비야. 음식이 식판에 오기까지 많은 사람의 노력이 있었기 때문이지.

조금씩 먹어 보자. 의외로 먹을 만할 수도 있어. 아직 경험해 보지 않았거나, 안 좋은 기억 때문에 편견을 가졌을 수도 있거든. 가리는 음식이 적어지면 급식을 먹을 때마다 스트레스를 덜 받을 수 있어.

너무 싫다면 억지로 먹지는 말자. 살면서 좋아하는 음식은 종종 바뀌곤 해. 나중엔 맛있다고 느낄낄 수도 있어.

tip

식판의 음식에는 수많은 사람의 땀과 정성이 있다는 것을 생각하자.

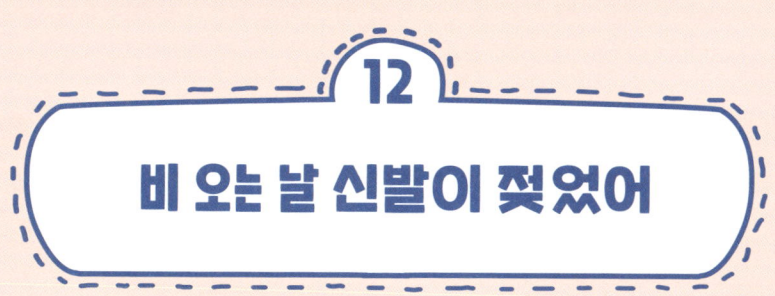

12
비 오는 날 신발이 젖었어

새 운동화를 신고 학교에 갔어. 그런데 비가 내리는 거야. 운동화에 빗물이 스며들더니 결국 양말까지 젖고 말았어. 그런 날 새 운동화를 신는 게 아니었는데……. 이상하게도 깨정이는 신발이 흠뻑 젖었는데도 표정이 밝았어.

 신발이 다 젖어서 축축해.

 난 일부러 흙탕물로만 걸었지롱.

 왜?

 신발을 바꿀 기회니깐!

 너 천재구나……?

 이제 알았어? 히히.

어느새 신발 속에 물이 가득 찼어. 비 오는 날 신발이 젖었을 때는 어떻게 하면 좋을까?

나의 고민 일기장

비 오는 날 신발이나 옷이 젖은 적 있니?

그런 적이 있다면 그때를 떠올리며 나의 마음을 써 보자.

없다면 이런 상황에서 나는 어떻게 할지 써 보자.

이럴 땐, 이렇게!

☝️ 학교에 도착해서 신발을 말리자. 신발 밑창을 빼서 물기를 닦은 뒤 이면지를 구겨서 신발 안에 채워 넣으면 돼. 종이가 물을 흡수해서 집에 갈 때는 물기가 조금은 사라졌을 거야.

 일기예보를 확인하자. 잠들기 전에 다음 날 날씨를 확인하는 거야. 만약 비가 많이 온다고 하면 샌들이나 장화를 신는 게 나을 거야. 수건도 한 장 챙기면 좋겠지? 학교에 도착해서 젖은 발을 수건으로 닦으면 상쾌할 거야.

 집에 있는 슬리퍼나 운동화 한 켤레를 비닐에 넣고 학교에 가져가자. 신발이 젖었을 때 바꿔 신을 수 있어. 젖은 신발은 비닐에 넣어 집에 가져가면 돼.

tip
미리 준비하면 예상치 못한 일이 생겨도 당황하지 않아.

13
학교에서 신발이 사라졌어

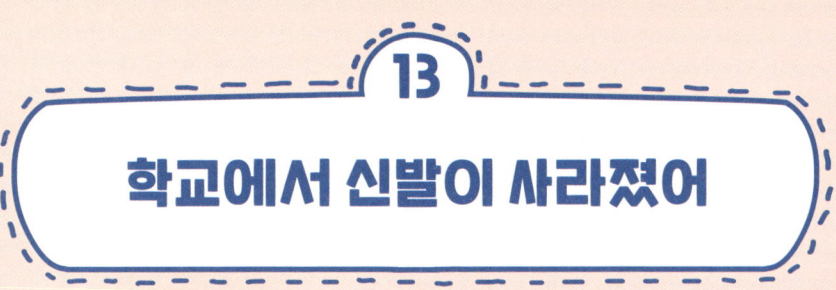

수업을 마치고 집에 가려고 신발장을 열었어. 그런데 신발장 안이 텅 비어 있었어. 이럴 수가 신발이 사라진 거야!

🧒 깨칠아, 혹시 신발이 없어졌니?

👦 그걸 어떻게 알았어?

🧒 신발장 앞에서 두리번거리니까 알지.

👦 수상한데…… 혹시 네가 내 신발을 숨긴 거 아냐?

🧒 뭐라고?

👦 수업이 끝나면 쏜살같이 사라지던 네가 왜 아직도 학교에 있을까?

🧒 지금 내 신발도 없어졌거든!

결국 우리는 신발을 찾지 못해서 실내화를 신고 집에 갔어. 학교에서 신발이 사라졌을 때는 어떻게 하면 좋을까?

나의 고민 일기장

학교에서 신발이나 교과서 같은
물건이 사라진 적 있니?

그런 적이 있다면 그때를 떠올리며 나의 마음을 써 보자.

없다면 이런 상황에서 나는 어떻게 할지 써 보자.

이럴 땐, 이렇게!

☝ 다른 신발장을 살펴보자. 누군가 실수로 내 신발을 떨어뜨렸다가 급한 마음에 엉뚱한 곳에 두었을 수도 있거든. 당황하면 눈앞에 있는 것도 보이지 않아. 심호흡하고 천천히 주변을 둘러보자.

✌ 선생님과 친구들에게 도움을 요청하자. 여럿이 힘을 합치면 찾을 수 있는 확률이 높아져. 화장실, 사물함, 청소도구함처럼 보이지 않는 곳부터 찾아보자.

✌ 끝내 신발을 찾지 못했다면 이 경험을 학교 방송으로 알려 달라고 하거나, 종이에 써서 게시판에 붙여 보자. 신발을 숨기거나 훔쳐 간 학생이 부끄러움을 느낄 수 있도록 말이야. 같은 일이 반복되지 않도록 예방할 수도 있어.

tip
물건이 자주 사라진다면 물건을 두는 장소를 바꿔 보자.

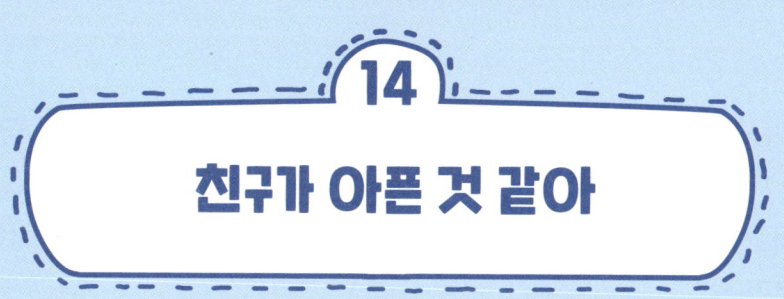

14
친구가 아픈 것 같아

이상하게 깨정이가 오전 수업 내내 말이 없었어. 무슨 일인지 궁금했지만 깨정이의 표정이 안 좋아서 물어보지 못했어. 깨정이는 급식도 조금만 먹고 교실에서 엎드려 있었지. 나는 깨정이 옆으로 가서 장난삼아 말을 걸었어.

 깨정아, 혹시 어디 아파?

 …….

 나도 오늘 밤에 아플 계획이야.

 …….

 혹시 내가 내일 학교에 못 오더라도 놀라지 마. 알겠지?

 …….

깨정이는 책상에 엎드려서 계속 대답을 안 했어. 친구가 아픈 것 같을 때는 어떻게 하면 좋을까?

나의 고민 일기장

학교에 온 친구가 몸이 아픈 것 같거나,
친구가 아파서 학교에 못 나온 적 있니?

그런 적이 있다면 그때를 떠올리며 나의 마음을 써 보자.

없다면 이런 상황에서 나는 어떻게 할지 써 보자.

이럴 땐, 이렇게!

 가만히 있지 말고 괜찮은지 친구에게 물어보자. "혹시 감기에 걸렸어?" 또는 "배탈이 났니?"라고 말이야. 작은 관심이 친구에게는 큰 위로가 될 수도 있어.

 내가 도와줄 게 있는지 물어보자. "숙제를 도와줄까?" "보건실에 데려다줄까?" "선생님께 이야기해 줄까?"라고 필요한 것을 물어보자. 도움이 필요하지 않을 수도 있지만 물어봐 준 것만으로도 고마울 거야.

친구에게 계속 관심을 가지자. 친구가 엎드리면 옷을 덮어 주거나, 상태가 나빠지면 선생님께 이야기하자. 알림장이나 노트 필기를 대신 적어 주거나 집에 갈 때 가방을 들어 줘도 좋을 거야.

tip

관심은 행동으로 표현해야 해.

15 친구 집에 놀러 갔어

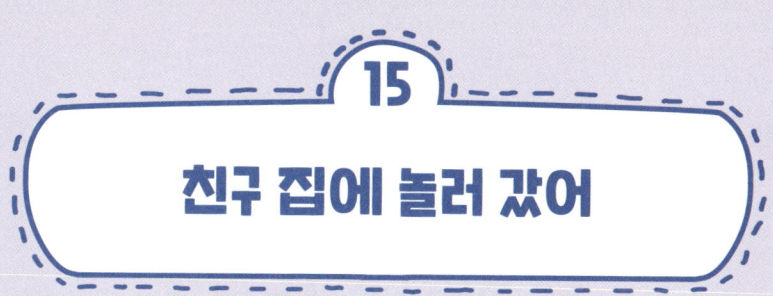

토요일은 깨정이의 생일이야. 깨정이는 친구들을 집에 초대하고 싶었나 봐.

🧒 깨칠아, 우리 집에 친구들을 초대하면 무슨 일이 생길까?

👦 음…… 친구가 네 방을 어지럽힐 수 있지.

🧒 맞아! 내 침대에 올라가기도 하겠지?

👦 네가 아끼는 장난감을 망가뜨릴 수도 있어.

🧒 방에서 뛰어다니면 아랫집에 사는 이웃이 찾아오겠지?

👦 우와~ 어쩜 그렇게 잘 알아?

🧒 내가 친구 집에 놀러 갔을 때 그랬거든. 히히.

👦 나도 그래. 그래서 친구들이 나를 초대 안 해. 히히.

　　이러다가 우리 둘은 친구 집에 초대받지 못하겠다는 생각이 들었어. 친구 집에 놀러 갈 때는 어떻게 하면 좋을까?

나의 고민 일기장

친구 집에 놀러 가거나, 친구를 집에 초대한 적 있니?

그런 적이 있다면 그때를 떠올리며 나의 마음을 써 보자.

없다면 이런 상황에서 나는 어떻게 할지 써 보자.

이럴 땐, 이렇게!

☝ 친구의 방으로 쏙 들어가지 말고 어른들께 인사부터 하자. "안녕하세요. 저는 같은 반 친구 OOO입니다." 예의 바른 인사는 서먹한 분위기를 없애 줘.

✌ 친구의 물건은 허락받고 만지자. 또 함부로 친구의 집을 돌아다니면 안 돼. 다른 가족들에게 불편함을 줄 수 있거든.

✌ 친구 집에 늦은 시간까지 있는 건 실례야. 만일 친구의 부모님이 저녁을 먹고 가라고 하면 집에 전화해서 부모님께 허락받아야 해.

tip
친구를 우리 집에 초대할 때도 기본적인 예절을 알려 주자. 그러면 속상할 일이 줄어들 거야.

16
선생님께 전화할 일이 생겼어

저녁에 깨정이에게 전화가 왔어. 내일 가는 체험 학습 때문에 궁금한 게 있나 봐.

- 깨칠아, 내일 비가 와도 체험 학습을 갈까?
- 선생님께서 비가 조금 오면 가고, 많이 오면 안 간다고 하셨어.
- 흠…… 일기 예보를 보는데 내일 비가 온대.
- 아침에 학교에서 연락이 오겠지.
- 네가 선생님께 한번 전화해서 여쭤보면 어때?
- 뭐? 네가 전화해 봐.
- 난 한 번도 선생님께 전화해 본 적이 없단 말이야.
- 나도 마찬가지인데…….

처음으로 선생님께 전화하려니 부담스러웠어. 갑자기 선생님께 전화할 일이 생겼을 때는 어떻게 하면 좋을까?

나의 고민 일기장

갑자기 선생님께 전화할 일이 생겨서
전화드린 적 있니?

그런 적이 있다면 그때를 떠올리며 나의 마음을 써 보자.

없다면 이런 상황에서 나는 어떻게 할지 써 보자.

이럴 땐, 이렇게!

☝ 먼저 예의 바르게 인사를 하고 이름을 말하자. "선생님 안녕하세요. 저 OOO입니다"라고 말이야. 전화를 받았는데 상대방이 누구인지 밝히지도 않고 말을 하면 선생님은 당황하실 거야.

✌ 전화를 끊을 때는 "잘 알려주셔서 고맙습니다" 또는 "감사합니다" 라고 말하자. 선생님이 흐뭇해하실 거야.

🤟 늦은 시간에 전화해서는 안 돼. 선생님뿐만 아니라 다른 사람에게도 늦은 시간에는 전화하지 않는 것이 예절이야.

tip

전화할 때는 상대방의 얼굴을 볼 수 없으니 더욱 예절을 갖춰야 해.

17 종이에 손가락을 베였어

아침 활동 시간에 책을 읽었어. 책장을 넘기는데 손가락이 따끔한 느낌이 들었지.

 앗!

 왜 그래?

 종이에 베인 것 같아.

 으악! 피가 나고 있어!

 너무 따끔거려 어떡하지?

베인 곳이 점점 따가워지더니 피가 멈추지 않았어. 종이에 손가락을 베였을 때는 어떻게 하면 좋을까?

나의 고민 일기장

학교에서 손가락을 베이거나,
넘어져서 상처가 난 적 있니?

그런 적이 있다면 그때를 떠올리며 나의 마음을 써 보자.

없다면 이런 상황에서 나는 어떻게 할지 써 보자.

이럴 땐, 이렇게!

☝ 당황해도 크게 소리를 지르지 말자. 주변의 친구들이 놀랄 수 있어. 또 아픈 부위에 신경을 쓸수록 더 아프게 느껴지거든.

✌ 선생님께 말씀드리거나 양호실에 다녀오자. 깊은 상처가 아니라면 연고를 바르고 밴드를 붙이면 괜찮아져.

✌ 크기가 다른 반창고 몇 장을 가방에 넣어 두자. 책에 손가락이 베이는 일이 아니더라도 가벼운 상처가 났을 때 사용할 수 있어. 또 친구들이 다쳤을 때 도와줄 수도 있지.

tip

상처에 붙이는 밴드, 벌레 물린 데 바르는 약, 자외선 차단제는 사물함에 넣어 두면 필요할 때 쓸 수 있어.

18
책상 서랍에서 물건을 못 찾겠어

선생님께서 책상 서랍을 정리하라고 하셨어. 서랍에 있는 물건을 모두 꺼내니 책상 위에 산더미처럼 쌓였지.

- 이게 모두 네 서랍에 있던 거야?
- 오! 3월에 샀던 젤리가 있네. 먹을래?
- 괜찮아……. 그 샤프는 익숙한 샤프인데?
- 이건 누가 생일 선물로 줬던 것 같은데…….
- 어이구, 내가 준 거잖아!
- 앗, 그랬구나. 히히.
- 이 수첩은 뭐야? 예쁜데?
- 그건 너 가져. 선물이야.

잃어버린 물건을 찾은 건 좋았지만, 계속 지저분하게 서랍을 쓸 수는 없어. 책상 서랍이 지저분할 때는 어떻게 하면 좋을까?

나의 고민 일기장

정리를 안 해서 교과서나
연필 같은 물건을 못 찾은 적 있니?

그런 적이 있다면 그때를 떠올리며 나의 마음을 써 보자.

없다면 이런 상황에서 나는 어떻게 할지 써 보자.

이럴 땐, 이렇게!

 서랍에 있는 물건을 모두 꺼내자. 서랍 깊숙이 손을 넣어서 연필이나 종잇조각까지도 모두 꺼내야 해. 그중에서 더 이상 필요하지 않은 물건은 버리도록 하자.

 작은 상자를 구해서 문구류는 따로 보관하자. 풀, 가위, 테이프, 자, 색연필, 사인펜은 책 사이에 들어가거나 서랍 구석으로 밀려나서 필요할 때 바로 찾기가 힘들거든.

서랍에 자주 쓰는 교과서만 두고 다른 책은 사물함에 넣자. 서랍에 여유가 있어야 다른 물건을 넣을 수 있어.

tip

주변이 깨끗하게 정리되어 있으면 수업에도 집중이 잘돼.

19
핸드폰을 잃어버렸어

깨정이가 걱정스러운 얼굴로 가방을 뒤지고 있었어.

- 깨정아, 뭐 잃어버렸어?
- 핸드폰이 안 보이네. 나한테 전화를 걸어 줄래?
- 응, 알겠어.

나는 주머니에 손을 넣었어. 그런데 이게 어떻게 된 일이지?

- 어어, 어?
- 왜?
- 이상하네. 분명히 주머니에 넣어 두었는데.
- 너도 핸드폰이 사라진 거야?

맙소사. 내 핸드폰도 없었어. 학교에서 핸드폰을 잃어버렸을 때는 어떻게 하면 좋을까?

나의 고민 일기장

학교에서 핸드폰을 잃어버린 적 있니?

그런 적이 있다면 그때를 떠올리며 나의 마음을 써 보자.

없다면 이런 상황에서 나는 어떻게 할지 써 보자.

이럴 땐, 이렇게!

 핸드폰을 집에 두고 온 건 아닌지 확인해 보자. 집에 사람이 있다면 전화해서 물어보고, 만약 집에 아무도 없다면 학교 전화기로 부모님께 전화해서 핸드폰이 없어졌다고 알려야 해.

 서랍과 가방을 샅샅이 찾아보자. 가끔 책 사이에 핸드폰이 끼어 있어서 못 찾을 때도 있거든.

 만약 학교에서 잃어버린 것 같다면 분실물 보관함을 살펴보자. 아니면 오늘 하루 들렀던 곳을 다시 가 보자.

tip

핸드폰 케이스에 부모님 전화번호를 적어 놓으면 주운 사람이 보고 연락할 수 있어. 또 핸드폰에 암호를 걸어 놓으면 잃어버려도 개인정보를 보호할 수 있지.

20 교실 에어컨 바람이 너무 추워

운동장에서 땀을 뻘뻘 흘리며 축구를 했어. 교실에 돌아와 에어컨을 세게 틀어 놓으니 순식간에 땀이 식으며 정신이 들었어.

 와~ 이제야 좀 살겠다.

 뽀송뽀송한 이 느낌~

그런데 30분쯤 지나자 몸이 으슬으슬 떨리기 시작했어.

깨칠아, 너 왜 이렇게 떨고 있어?

으으…… 너도 떨고 있는 것 같은데?

맞아, 너무 추워…….

에에에 에취!

나는 에어컨 온도를 높이려고 했어. 그러자 다른 친구들이 덥다며 안 된다고 하지 뭐야. 교실 에어컨 바람이 너무 세서 추울 때는 어떻게 하면 좋을까?

나의 고민 일기장

교실 에어컨 바람 때문에
몸이 오들오들 떨린 적 있니?

그런 적이 있다면 그때를 떠올리며 나의 마음을 써 보자.

없다면 이런 상황에서 나는 어떻게 할지 써 보자.

이럴 땐, 이렇게!

 교실 창문을 살짝 열어 봐. 찬 공기가 빠져나가면서 추위가 사라질 거야. 에어컨 바람은 교실 공기를 건조하게 만들어 콧속까지 마르게 해. 이럴 때 창문을 살짝 열면 바깥 공기와 교실 공기가 합쳐지면서 건조해지는 것도 막을 수 있어.

 선생님께 에어컨 당번을 정하자고 건의하자. 선생님은 수업에 집중하느라 에어컨에 신경을 못 쓰실 수도 있거든. 에어컨 온도를 관리하는 친구가 있다면 훨씬 편할 거야.

얇은 셔츠나 겉옷을 사물함에 넣어 두자. 추울 때는 사물함에서 꺼내 입을 수 있어.

tip
여름에도 감기에 걸릴 수 있으니 에어컨을 너무 세게 틀면 안 돼.

3장

내 마음이 궁금해

21 시험을 잘 봐서 자랑하고 싶어

오늘은 시험 결과가 나오는 날이야. 가슴이 두근대고 손바닥에 땀이 났어. 앞에 나가서 시험지를 받았는데 이게 웬걸, 백 점을 받았어! 나는 백 점을 받았다고 큰 소리로 외치고 싶었어. 하지만 그렇게 했다가는 친구들이 질투할지도 몰라. 그래도 백 점을 자랑하고 싶어서 입이 계속 간질거렸어.

 깨정아~ 시험 잘 봤어?

 왜?

 그냥 이번 시험이 너한테도 쉬웠는지 궁금해서.

 지금 잘난 척하는 거야?

 나는 좀 쉬웠거든.

 저리 가!

깨정이도 백 점을 맞았다면 함께 기뻐할 수 있었을 텐데 아쉬워. 시험을 잘 봐서 자랑하고 싶을 때는 어떻게 하면 좋을까?

나의 고민 일기장

시험을 잘 봐서 친구들에게 자랑하고 싶은 적 있니?

그런 적이 있다면 그때를 떠올리며 나의 마음을 써 보자.

없다면 이런 상황에서 나는 어떻게 할지 써 보자.

이럴 땐, 이렇게!

☝ 거울 앞에 서서 나를 보며 엄지를 척 올려 봐. 어려운 일을 해낸 나 자신을 칭찬해 주자.

✌ 시험을 같이 본 친구에게는 자랑하지 않는 게 좋아. 예를 들어 나는 시험을 못 봤는데 친구가 시험을 잘 봤다고 자랑하면 기분이 안 좋겠지? 들떠서 친구의 기분을 생각하지 않고 자랑했다가는 사이가 나빠질 수도 있어.

🖖 진심으로 같이 기뻐해 줄 사람에게는 마음껏 자랑하자. 할아버지, 할머니, 엄마, 아빠 아니면 강아지나, 고양이도 좋아. 가족들과 기쁨을 나누자.

tip
상대방의 기분을 먼저 생각한 뒤에 행동하면 실수를 줄일 수 있어.

22. 같은 실수를 반복해

앗, 더 늦으면 지각이야! 나는 학교에 갈 준비를 재빨리 마치고 서둘러 집을 나섰어.

 깨칠아! 체육복 가져가야지!

 깜빡했어요.

 필요한 건 미리미리 챙겨야지. 알림장은 챙겼어?

 아, 맞다!

 준비물은 자기 전에 챙기라고 얘기했잖니.

 이러다 늦겠어요. 다녀오겠습니다!

두 번이나 잔소리를 들으니 힘이 쭉 빠졌지만 빨리 학교로 향했어. 열심히 학교로 뛰어가는데 뒤에서 누가 나를 불렀어. 뒤를 돌아보니 엄마가 달려오고 계셨어.

 왕깨칠! 필통 가져가야지!

준비물을 잘 챙겨야 하는데 왜 자꾸 깜빡할까? 같은 실수를 반복할 때는 어떻게 하면 좋을까?

나의 고민 일기장

같은 실수를 반복한 적 있니?

그런 적이 있다면 그때를 떠올리며 나의 마음을 써 보자.

없다면 이런 상황에서 나는 어떻게 할지 써 보자.

이럴 땐, 이렇게!

☝️ 실수를 변명하지 말자. 당장 혼나지 않으려고 변명하면 잠깐은 괜찮을지 모르지만, 습관을 고치는 데 도움이 되지 않아. "죄송합니다 앞으로 잘 챙기겠습니다"라고 말하자.

✌️ 실수하는 원인을 찾아보자. 준비물을 자주 빠뜨린다면 자기 전에 챙겨 놓는 습관을 들여야 해. 또 준비물을 종이에 적어 두고 동그라미 표시를 하면서 챙기면 빼먹는 일을 막을 수 있어.

🤟 실수를 두려워하지 마. 실수는 제대로 배워 가는 과정이거든. 실수를 자주 하더라도 줄이려고 노력하다 보면 나만의 방법을 찾을 수 있을 거야.

tip
날마다 반복하는 실수라도 연습하고 노력하면 충분히 고칠 수 있어.

23
계획을 실천하기 어려워

나는 오늘부터 달라지기로 마음먹었어. 먼저 계획을 세웠지. 계획을 세우는 건 생각보다 쉬웠어. 깨정이에게 나의 계획을 보여 주었어.

🧒 흠~ 새벽 4시에 일어난다고?

🧒 일찍 일어나면 좋을 것 같아서 말야.

🧒 2시간 동안 운동을 한다고?

🧒 당연하지! 튼튼한 어린이가 되려면 운동을 해야 하니까!

🧒 그리고 갑자기 밤 10시까지 공부하겠다고?

🧒 그래! 아마 그전에 공부 좀 그만하라고 부모님이 말리실지도 몰라. 하하!

🧒 맙소사…….

깨정이의 예상이 맞았어. 내가 세운 계획은 하루도 성공하지 못했어. 계획을 실천하기 어려울 때는 어떻게 하면 좋을까?

나의 고민 일기장

계획을 세우고 실천하지 못한 적 있니?

그런 적이 있다면 그때를 떠올리며 나의 마음을 써 보자.

없다면 이런 상황에서 나는 어떻게 할지 써 보자.

이럴 땐, 이렇게!

☝ 계획은 충분히 실천할 수 있는 것들로 바꾸자. 무리한 계획은 하루도 지키기 어려워. 오랫동안 실천하기 위해서는 내가 충분히 할 수 있는 계획을 세워야 해.

✌ 계획을 줄여 보자. 꼭 하고 싶은 일이나, 반드시 해야 하는 일 한 가지만 정하는 거야. 그 일에 성공하면 계획을 하나씩 늘리는 거지. 계획한 일을 해내면 자신감이 생길 거야.

✌ 만약 계획한 일을 제시간에 끝내지 못했을 때는 머뭇거리지 말고 다음 계획으로 넘어가자. 모든 계획에 다 성공하려는 욕심을 버리고 남은 계획에 집중하자.

tip

'하고 싶은 일'보다는 '할 수 있는 일'로 먼저 계획을 세워 보자.

24
아무리 노력해도 안 되는 일이 있어

나에겐 아무리 노력해도 되지 않는 것이 있어. 바로 줄넘기야. 1학년 때는 줄넘기를 한 개도 넘지 못했어. 친구들이 응원해 주었지만 소용없었지. 그런데 이번 체육대회에서 단체 줄넘기를 하게 되었어. 나는 '나 때문에 우리 반이 꼴등을 하면 어떡하지?' 하는 걱정에 마음이 무거웠어.

- 걱정하지마. 내가 도와줄게. 10분만 연습해 보자.
- 괜찮아, 그날 결석할 거야.
- 단체 줄넘기가 오히려 쉬워. 내가 도와줄게.
- 지금까지 못 했는데 갑자기 되겠어?
- 그럼 포기해, 포기! 넌 포기야!
- 그 말은 너무 심하잖아. 포기 안 해!

깨정이가 줄넘기를 열심히 알려 주었어. 나는 깨정이의 어깨를 잡고 같이 뛰는 연습을 했지. 하지만 세 개도 못 넘었어. 아무리 노력해도 안 되는 일이 있을 때는 어떻게 하면 좋을까?

나의 고민 일기장

아무리 노력해도 안 되는 일에 속상해한 적 있니?

그런 적이 있다면 그때를 떠올리며 나의 마음을 써 보자.

없다면 이런 상황에서 나는 어떻게 할지 써 보자.

이럴 땐, 이렇게!

 목표를 이룬 사람의 이야기를 보자. 드라마, 영화, 위인전처럼 한 사람의 이야기를 담은 작품이 많아. 그런 작품을 보면 마음 깊은 곳에서 나도 할 수 있다는 생각이 꿈틀거릴 거야.

 태어날 때부터 포기하지 않는 사람은 드물어. 꿈을 이룬 사람들은 수많은 실패를 겪었지만 끝없는 도전과 노력을 했어.

 나의 도전을 격려하는 선물을 정하자. 다섯 번 도전하면 젤리 한 개, 열 번 도전하면 게임 한 시간 하기처럼 말야. 도전은 그 자체로 아름답고 의미 있는 과정이거든.

tip

노력하는 과정을 즐기는 것이 가장 중요해.

25
나는 잘하는 것이 없는 것 같아

우리 반 민준이는 정말 멋있어. 나도 민준이처럼 외모도 멋있고, 성격도 좋고, 운동도 잘하고, 공부까지 잘하면 얼마나 좋을까?

🙂 깨칠아, 너는 장점이 뭐야?

🙂 음…… 나는 목소리가 작아.

🙂 그럼 선생님이 발표를 잘 안 시켜서 좋겠다. 히히.

🙂 맞아. 네 장점은 뭐야?

🙂 잘하는 게 없다는 것?

🙂 오~ 멋진데! 아무도 너에게 기대하는 사람이 없으니 마음이 편하겠어.

🙂🙂 우하하하!

나는 왜 공부도 못하고, 운동도 못할까? 내가 별 볼 일 없는 사람처럼 느껴져. 잘하는 것이 없다는 생각이 들 때는 어떻게 하면 좋을까?

나의 고민 일기장

나는 잘하는 것이 없다고 생각해 본 적 있니?

그런 적이 있다면 그때를 떠올리며 나의 마음을 써 보자.

없다면 이런 상황에서 나는 어떻게 할지 써 보자.

이럴 땐, 이렇게!

☝ 공부를 잘하는 것보다 즐겁게 배우는 것이 더 중요해. 공부를 잘해서 백 점을 맞으면 그날 하루가 기쁘지만, 배우는 것을 즐거워하면 날마다 신나게 지낼 수 있어.

✌ 운동도 공부처럼 여러 능력 중의 하나일 뿐이야. 사람마다 잘하는 운동이 있고, 못하는 운동이 있어. 아직 나한테 맞는 운동을 발견하지 못한 것일 수도 있어. 그러니 섣불리 나는 운동을 못한다고 단정 짓지 말자.

 내 성격이 좋지 않다는 생각은 하지 말자. 사람의 성격은 좋고 나쁨을 나눌 수 없거든. 단점이라고 생각했던 것이 장점이 될 때도 많아. 다만 남에게 피해를 주는 말과 행동만 하지 않으면 돼.

tip

다른 사람과 나를 비교하지 말고 자신을 조금 더 아껴 주자.

26
1등을 너무 하고 싶어

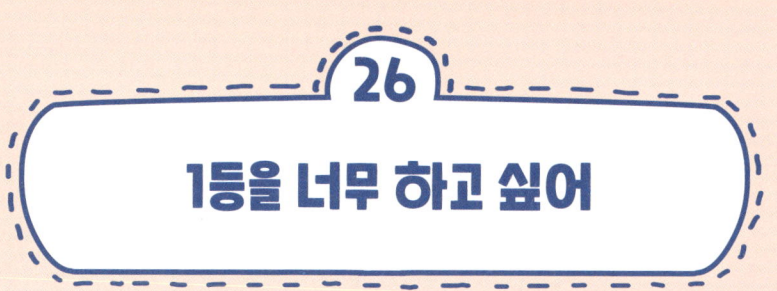

학교에 1등으로 도착하고 싶어서 눈을 뜨자마자 서둘러 학교에 갈 준비를 했어.

 깨칠아, 왜 그렇게 서두르니?

 학교에 1등으로 가려고요!

 흠~ 다른 것도 1등을 해 볼 생각은 없니?

 급식도 1등으로 먹는걸요.

 그렇구나~ 대단하네. 그래도 꼭꼭 씹어 먹으렴.

 엄마도 1등인 것이 있어요.

 호호호. 먼데?

 잔소리 1등이에요!

 뭐라고?!

 다녀오겠습니다!

오늘은 반드시 제일 먼저 도착하고 말 거야. 1등을 너무 하고 싶을 때는 어떻게 하면 좋을까?

나의 고민 일기장

1등을 너무 하고 싶거나,
1등이 아니면 중요하지 않다고 생각한 적 있니?

그런 적이 있다면 그때를 떠올리며 나의 마음을 써 보자.

없다면 이런 상황에서 나는 어떻게 할지 써 보자.

이럴 땐, 이렇게!

☝ 속도는 중요하지 않아. 그림을 대충 그리고 나서 빨리 내는 것보다는 정성껏 그리는 게 중요한 것처럼 말이야. 속도로 1등을 하는 것보다는 최선을 다하는 것을 목표로 하자.

✌ 나의 경쟁자는 오직 나! 다른 사람과 나를 비교하지 말자. 다른 사람보다 중요한 건 내가 세운 목표를 이루려고 노력하는 거야.

✌ 1등을 못 해도 속상해하지 말자. 이전보다 나아지는 것이 중요해. 조금씩 나아지는 모습에서 보람을 느끼는 게 행복이야.

tip

최선을 다하다 보면 어느 날 선물처럼 1등이 찾아올지도 몰라.

27. 나는 못생긴 것 같아

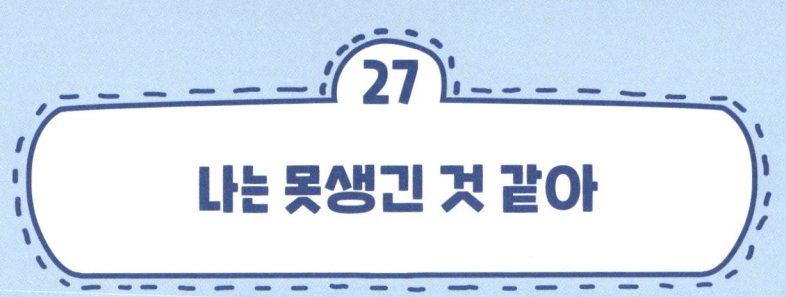

엄마는 금요일 저녁마다 드라마를 보셔. 그 드라마에는 멋진 남자 주인공이 나오지.

 저 사람이 잘생겼어요? 제가 잘생겼어요?

 쉿!

드라마가 끝난 뒤 엄마가 나를 빤히 쳐다보며 말씀하셨어.

 깨칠아, 사람은 외모가 중요한 게 아니란다.

 칫, 저 사람이 더 잘생겼다는 뜻이죠?

 엄마한테는 우리 깨칠이가 제일 잘생겼지.

나는 토라져서 방으로 들어갔어. 거울 앞에 서서 내 모습을 바라봤지. 나는 왜 이렇게 눈도 작고, 키도 작고, 몸도 동글동글할까? 점점 거울을 보고 싶지 않았어. 내가 못생겼다는 생각이 들 때는 어떻게 하면 좋을까?

나의 고민 일기장

내가 못생겼거나, 뚱뚱하거나,
키가 작다고 생각해 본 적 있니?

그런 적이 있다면 그때를 떠올리며 나의 마음을 써 보자.

없다면 이런 상황에서 나는 어떻게 할지 써 보자.

이럴 땐, 이렇게!

☝ 거울을 보며 나를 칭찬하자. 생김새는 중요하지 않아. 따뜻한 말과 행동은 멋진 외모보다 큰 힘이 있지.

✌ 많이 웃자. 얼굴은 무표정할 때, 웃을 때, 인상을 쓸 때 모두 느낌이 달라. 환하게 웃는 얼굴은 사람들을 기분 좋게 만들어.

🤟 나에게 어울리는 스타일을 찾아보자. 사람마다 어울리는 머리, 옷, 신발이 모두 달라. 나에게 어울리는 모습을 찾아가는 건 아주 즐거운 과정이야.

tip

못생긴 게 아니라 다르게 생긴 것일 뿐이야.

28 너무 화가 나서 물건을 던졌어

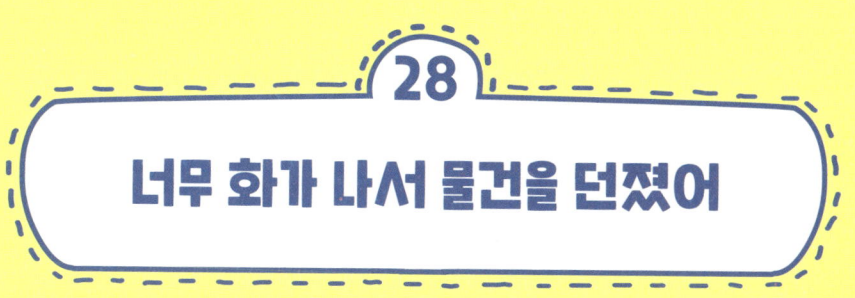

오늘은 모둠 활동을 하는 날이야. 그런데 아뿔싸! 준비물을 챙기지 못했어. 친구들은 나를 원망하기 시작했지.

🧒 네가 준비물을 안 가져와서 우리 모두 아무것도 못 하게 됐어!

🧒 어제 준비물이 뭐냐고 문자를 보냈는데 네가 답장을 안 했잖아!

🧒 전화해야지. 문자를 보내면 어떡해. 모두 네 잘못이야!

🧒 핸드폰 게임을 그렇게 많이 하면서 문자를 못 봤다고?

🧒 문자는 오지도 않았거든? 봐봐! 아무것도 안 왔잖아.

🧒 분명히 보냈단 말이야!

나는 화가 난 나머지 들고 있던 핸드폰을 바닥에 던졌어. 친구들이 깜짝 놀랐고, 나도 놀랐어. 너무 화가 나서 물건을 던졌을 때는 어떻게 하면 좋을까?

나의 고민 일기장

너무 화가 나서 물건을 던지거나,
물건에게 화풀이한 적 있니?

그런 적이 있다면 그때를 떠올리며 나의 마음을 써 보자.

없다면 이런 상황에서 나는 어떻게 할지 써 보자.

이럴 땐, 이렇게!

 만약 누군가가 보는 앞에서 그런 행동을 했다면 사과하자. 화를 조절하지 못하는 행동은 다른 사람을 불안하게 만드는 행동이야.

 화가 날 때 시원한 물이나 음료수를 마시자. 창문을 열고 맑은 공기를 마시거나, 찬물로 세수하는 것도 좋아. 화가 났을 때 흥분을 가라앉히는 연습을 꾸준히 하면 물건을 던지는 일을 막을 수 있어.

 화가 날 때 물건을 던지는 행동은 자칫하면 습관이 되기 쉬워. 그러니 그 일을 본보기로 다시는 그러지 않기로 다짐하자.

tip

화가 나는 일은 막지 못하지만 나의 화는 다스릴 수 있어.

29 양보하는 건 어려워

우리집에서 가장 인기가 많은 반찬은 달걀말이야. 쉴 새 없이 먹다 보니 접시에 달걀말이가 딱 하나 남았지. 나는 동생이 다른 곳을 보는 틈을 타 달걀말이를 집었어. 그 순간 동생이 울기 시작했어.

 깨칠아, 그거 동생한테 양보하면 안 될까?

 동생이 양보할 수도 있는 거잖아요.

 이번에는 깨칠이가 양보하고 다음에는 동생이 양보하면 되지~

동생은 울기만 하면 모든 게 해결돼. 나는 짜증이 나서 먹고 싶은 마음이 사라졌어. 언제나 동생한테 양보했던 일을 떠올리니 눈물이 날 것만 같아. 양보하는 게 어려울 때는 어떻게 하면 좋을까?

나의 고민 일기장

친구나 동생에게 양보하는 게 어려운 적 있니?

그런 적이 있다면 그때를 떠올리며 나의 마음을 써 보자.

없다면 이런 상황에서 나는 어떻게 할지 써 보자.

이럴 땐, 이렇게!

☝ 동생이나 친구에게 양보하는 게 아니라 선물을 준다고 생각해 보자. 선물은 받는 즐거움도 있지만 주는 기쁨도 있잖아. 부모님이 나에게 아무것도 바라지 않고 선물을 주는 것처럼 나도 동생이나 친구에게 선물을 주는 거지.

✌ 약속을 정하자. 간식을 먹거나, 장난감을 가지고 놀 때 동생이나 친구가 욕심을 부릴 수 있어. 이럴 때 각자 먹을 간식을 따로 담거나, 장난감을 가지고 노는 시간을 정하면 돼. 그래도 동생이나 친구가 짜증을 내면 부모님이나 같이 있는 어른에게 약속을 정해 달라고 말씀드리자.

tip

문제는 문제가 아니라고 생각하는 순간부터 해결할 수 있어.

30
게임과 숙제 중에 무엇을 먼저 할지 고민돼

토요일은 유일하게 마음껏 컴퓨터 게임을 할 수 있는 날이야. 나는 눈을 뜨자마자 게임을 시작했어.

 깨칠아, 숙제해야지.

 게임부터 해야 해요.

 숙제 먼저 하면 마음이 편하지 않을까?

 게임을 해야 일기를 쓸 수 있어요.

 그게 무슨 말이니?

 일기 주제가 게임이거든요. 히히.

그렇게 저녁까지 게임을 했지. 슬슬 숙제하려고 했는데 텔레비전에서 재밌는 방송이 나오는 거야. 이것만 보고 해야지 했더니 어느새 잘 시간이 됐어. 게임과 숙제 중에 무엇을 먼저 할지 고민될 때는 어떻게 하면 좋을까?

나의 고민 일기장

게임과 숙제 중에 무엇을 먼저 할지 고민해 본 적 있니?

그런 적이 있다면 그때를 떠올리며 나의 마음을 써 보자.

없다면 이런 상황에서 나는 어떻게 할지 써 보자.

이럴 땐, 이렇게!

👆 시간을 정하자. 숙제 한 시간, 게임 한 시간처럼 시간을 정하고 나서 하고 싶은 것을 먼저 하는 거야. 자신과 한 약속을 지키고 나면 기분이 좋고 뿌듯할 거야.

✌️ 숙제를 먼저 할 때는 정성껏 하자. 빨리 대충 끝내고 게임을 하려는 마음이 앞서면 숙제하는 의미가 없기 때문이지.

 상황을 보면서 순서를 정하는 것이 좋아. 저녁에 가족 행사나, 꼭 보고 싶은 만화가 있다면 당연히 숙제부터 해야겠지?

tip

해야 할 일과 하고 싶은 일이 겹쳤을 때 꼭 한 가지만 선택해야 할 필요는 없어.

4장

친구와 사이좋게 지내고 싶어

31
내가 한 말 때문에 친구가 마음을 다쳤어

깨정이는 키가 작다고 놀리는 것을 아주 싫어해. 하지만 깨정이의 반응이 재미있어서 자꾸 놀리고 싶어져. 결국 땅콩이라고 놀리고 말았지. 깨정이는 단단히 삐쳐서 나랑 말하기 싫어했어.

 깨정아, 정말 미안해…….

 저리 가 줄래?

더 큰 일은 쉬는 시간에 일어났어. 깨정이가 신발을 갈아 신으려 해서 나는 잽싸게 운동화를 꺼내 주었어. 그런데 또 엉뚱한 말이 입 밖으로 나왔지 뭐야.

 발이 왜 이렇게 작아? 아기 발이네, 아기!

 그게 뭐 어때서! 너 자꾸 시비 걸래?

화가 난 깨정이에게 또 이런 말을 하다니! 나는 내가 너무 한심했어. 내가 한 말 때문에 친구가 마음을 다쳤을 때는 어떻게 하면 좋을까?

나의 고민 일기장

친구에게 상처 주는 말이나 행동을 한 적 있니?

그런 적이 있다면 그때를 떠올리며 나의 마음을 써 보자.

없다면 이런 상황에서 나는 어떻게 할지 써 보자.

이럴 땐, 이렇게!

☝ 곧바로 친구에게 사과하자. 그냥 넘어가면 서서히 화가 날 수도 있거든. 나 때문에 친구가 마음을 다쳤다면 제일 좋은 방법은 그 자리에서 바로 사과하는 거야.

✌ 사과했는데 친구가 받아주지 않는다면 친구의 표정을 살펴보면서 기다리자. 마음이 풀릴 때까지 시간을 주는 것도 중요해. 편지를 쓰거나, 작은 선물을 준비하는 것도 좋아.

✌ 친구가 마음을 다쳤다는 사실을 꼭 기억하자. 같은 실수를 반복하는 일이 없도록 말이야.

tip
미안하다고 말만 하는 것은 진정한 사과가 아니야.

32
친구가 갑자기 나를 피하는 것 같아

오늘은 깨정이가 좀 이상했어. 하루 종일 내가 말을 걸어도 아무 대답이 없었거든.

 깨정아, 쉬는 시간에 도서관 가지 않을래?

 …….

나는 대답 없는 깨정이의 어깨를 툭툭 쳤어. 그런데 깨정이가 내 얼굴을 힐끔 보더니 말없이 그냥 걸어가는 게 아니겠어? 나는 방법을 바꿔서 깨정이를 웃겨 보기로 했지.

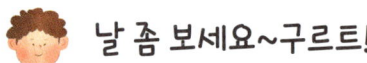 날 좀 보세요~구르트!

 …….

깨정이에게서 찬바람이 쌩쌩 불었어. 대체 무슨 일 때문에 그러는지 말을 안 해 주니 마음이 답답하고 불편해. 친한 친구가 갑자기 나를 피하는 것 같을 때는 어떻게 하면 좋을까?

나의 고민 일기장

친구가 갑자기 나를 피한다고 느낀 적 있니?

그런 적이 있다면 그때를 떠올리며 나의 마음을 써 보자.

없다면 이런 상황에서 나는 어떻게 할지 써 보자.

이럴 땐, 이렇게!

☝ 친구가 나에게만 다르게 행동하는지, 다른 친구들에게도 그렇게 행동하는지 살펴보자. 모두에게 그런다면 말 못 할 이유가 있는 거야. 만약 나한테만 그런다면 나에게 섭섭한 마음이 있는 것이 분명해.

 친구에게 실수한 일이 있는지 생각해 보자. 떠오르는 일이 있다면 친구에게 그 일 때문에 마음이 상했는지 조심스럽게 물어보자.

 친구에게 "평소와 조금 달라 보여. 혹시 무슨 일이 있어?"라고 물어보자. 만약 친구가 대답하지 않는다면 아직은 이야기할 기분이 아닌 거야. 조금 더 시간을 주자.

tip

친구의 화가 풀릴 때까지 마냥 기다리지 말고 친구에게 먼저 말을 걸어 보자.

33
친구가 나의 비밀을
다른 아이들에게 말했어

평소에 나는 깨정이를 믿고 이런저런 이야기를 많이 했어. 그런데 깨정이는 내 비밀을 친구들에게 말해 버리고 말았어. 너무 속상해서 깨정이에게 화를 내고 집에 돌아와서 엄마에게 그 일을 말했어.

 깨정이랑 절교했어요.

뭐? 주말에도 같이 놀았잖아?

 그건 배신을 당하기 전이죠. 깨정이가 비밀을 지키지 않았어요.

무슨 비밀인데?

 비밀인데 어떻게 말해요.

그래? 그럼 깨정이에게 물어볼까?

비밀이라니까요!

다른 친구들이 내 비밀을 알게 된 것보다 깨정이가 비밀을 다른 친구들한테 말했다는 것이 너무 슬퍼. 친구가 나의 비밀을 다른 아이들에게 말했을 때는 어떻게 하면 좋을까?

나의 고민 일기장

친구가 나의 비밀을 다른 아이들에게 말한 적 있니?

그런 적이 있다면 그때를 떠올리며 나의 마음을 써 보자.

없다면 이런 상황에서 나는 어떻게 할지 써 보자.

이럴 땐, 이렇게!

 친구에게 왜 그렇게 행동했는지 물어보자. 내가 생각한 것처럼 비밀을 이야기한 것이 아니거나, 다른 친구가 과장한 것일 수도 있거든. 만약 오해였다면 "나는 네가 다른 친구들에게 비밀을 말했다고 생각해서 서운했어"라고 말하면 돼.

 "네가 다른 친구들에게 내 비밀을 이야기해서 속상했어. 앞으로는 비밀을 잘 지켜줬으면 좋겠어"라고 말하자. 내 마음을 솔직하게 이야기하면 친구가 사과를 할 수도 있어. 만약 친구가 신경 쓰지 않는다면 잠깐 거리를 두는 게 좋아.

친구가 나의 비밀을 퍼뜨렸다고 해서 똑같이 하지는 말자. 나도 똑같이 입이 가벼운 아이가 될 뿐이야.

tip

오해는 꼬리에 꼬리를 물고 새로운 오해를 만들어. 용기를 내어 직접 물어보는 것이 가장 좋은 방법이야.

34 좋아하는 친구가 생겼어

얼마 전부터 소민이를 보면 자꾸 심장이 콩닥거려. 소민이가 지나가면 말을 걸고 싶고, 수업 시간에는 나도 몰래 소민이를 쳐다보게 돼. 얼마 전에는 소민이랑 같이 이야기하는 꿈도 꿨지 뭐야.

🧑 깨정아, 혹시 소민이는 뭘 좋아해?

🧑 어라? 깨칠이 너 설마 소민이 좋아해?

🧑 맞아. 히히.

🧑 흠~

깨정이는 소민이가 무엇을 좋아하고, 무엇을 싫어하는지 말해 줬어.

🧑 정말 고마워 깨정아!

🧑 뭘 그런 걸로! 그런데 말이야.

🧑 응?

🧑 혹시 영웅이는 뭘 좋아하는지 알아?

우리는 잠시 웃었어. 서로의 마음을 들켰기 때문이지. 좋아하는 친구가 생겼을 때는 어떻게 하면 좋을까?

나의 고민 일기장

좋아하는 친구가 생긴 적 있니?

그런 적이 있다면 그때를 떠올리며 나의 마음을 써 보자.

없다면 이런 상황에서 나는 어떻게 할지 써 보자.

이럴 땐, 이렇게!

나의 감정만큼이나 친구의 마음도 중요해. 다른 아이들이 보는 앞에서 편지나 선물을 주면 친구가 부담스러워할 수 있어. 꼬집고 때리거나, 놀리는 것으로 좋아하는 마음을 표현해서는 절대 안 돼.

친구의 행동에 관심을 가져 보자. 어떤 성격인지, 무엇을 좋아하는지 관찰해 봐. 관심을 가지면 친해질 기회가 자연스럽게 생길 거야.

슬쩍 말을 걸어 보자. "안녕"이라고 반갑게 인사하거나, "기분이 좋아 보이네"라고 가볍게 말을 건네면 좋아.

tip
친구를 좋아할수록 조심스럽게 천천히 다가가자.

35
싫어하는 친구와 같은 반이 됐어

새 학기 첫날 과연 어떤 친구들과 같은 반이 될까 두근거렸어. 그런데 이게 웬일이야! 민우와 같은 반이 되고 말았어. 모든 기대가 무너졌지. 이게 꿈이면 얼마나 좋을까?

 이번에도 깨정이랑 같은 반 되었니?

 아니요…….

 표정이 안 좋네. 혹시 싫어하는 친구와 같은 반이 되었니?

 네, 민우랑 같은 반이 되었어요.

 그렇구나…….

 잠깐 방에 혼자 있을게요.

나는 방으로 조용히 들어가 책상에 엎드렸어. 다른 친구들은 몰라도 민우와는 같은 반이 되고 싶지 않았는데……. 싫어하는 친구와 같은 반이 되었을 때는 어떻게 하면 좋을까?

나의 고민 일기장

싫어하는 친구와 같은 반이 되거나,
짝꿍이 된 적 있니?

그런 적이 있다면 그때를 떠올리며 나의 마음을 써 보자.

없다면 이런 상황에서 나는 어떻게 할지 써 보자.

이럴 땐, 이렇게!

👆 다른 친구들에게는 말하지 말자. 그 친구가 싫다고 다른 친구들에게 말했다가 사이가 더 나빠질 수도 있어.

✌️ 그 친구도 나랑 같은 반이 되어서 실망했을 수도 있어. 먼저 용기 내어 다가가 "우리 새 학년이 되었으니 잘 지내보자"라고 씩씩하게 말을 걸어 보자. 1년 동안 같이 지내면서 나도 변하고 친구도 변할 수 있어. 이번에는 사이좋게 지낼지도 몰라.

tip

걱정은 어떤 일이 생긴 뒤에 시작해도 늦지 않아. 미리 걱정하지 말자.

36
친구에게 말을 걸기 어려워

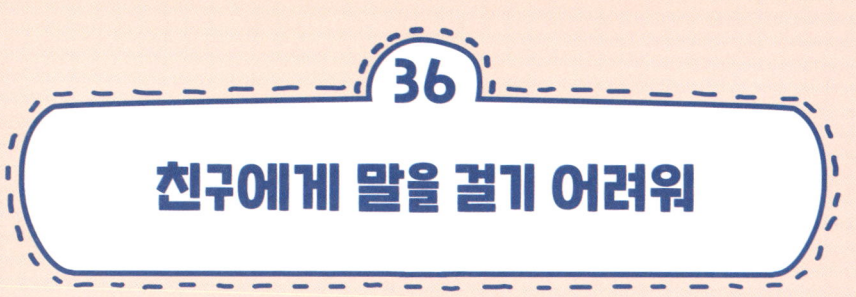

새 학년이 된 지 한 달이나 지났는데 아직 마음이 통하는 친구를 사귀지 못했어. 깨정이 같은 친구가 딱 한 명만 있어도 좋을 텐데. 계속 이렇게 지낼 수는 없기에 나는 쉬는 시간에 용기를 내어 친구에게 말을 걸었지.

 안녕!

 안녕!

 벌써 꼬르륵 소리가 나네. 배고프지 않니?

 난 괜찮아.

 그렇구나.

 응.

 …….

그렇게 대화가 끝나 버렸어. 더 이상 무슨 말을 해야 할지 몰라서 나는 내 자리로 돌아왔지. 친구에게 말을 걸기 어려울 때는 어떻게 하면 좋을까?

나의 고민 일기장

친구에게 말을 걸기 어렵거나,
친구들이 말하는 중간에 끼기가 어려운 적 있니?

그런 적이 있다면 그때를 떠올리며 나의 마음을 써 보자.

없다면 이런 상황에서 나는 어떻게 할지 써 보자.

이럴 땐, 이렇게!

☝ 친구가 좋아하는 것을 물어보자. 좋아하는 게임이 있는지, 음식이 있는지 말이야. 친구가 좋아하는 것을 이야기하다 보면 가까워질 수 있어.

✌ 보드게임을 가져가서 같이 하자고 말해 보자. 게임을 하면서 자연스럽게 이야기를 주고받을 수 있거든. 그러다가 다른 친구들도 끼워서 해 보자. 어쩌면 생각보다 많은 친구를 사귀게 될지도 몰라.

🖐 '나는 왜 친구가 없을까?' 생각을 하면서 실망하지 말자. 아직은 편하게 이야기를 할 수 있는 친구가 없어서 그럴 뿐이야. 시간이 지나면 분명 마음이 통하는 친구가 생길 거야.

tip

내가 좋아하는 것을 친구도 좋아하면 기분이 좋지 않니? 친구와 나를 이어줄 공통점을 찾으면 마음을 열기가 쉬워.

37 친구가 내 행동을 지적해

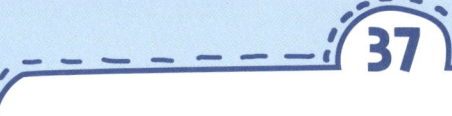

민우는 친하지도 않으면서 나에게 관심이 너무 많아. 졸졸 따라다니면서 늘 잔소리를 쏟아 내.

🧒 공책을 어디에 뒀더라?

👦 평소에 서랍을 깨끗이 정리해야 물건을 잃어버리지 않아.

🧒 나도 알아!

👦 안다고 말만 하지 말고 정리해야지.

🧒 그렇게 말하는 네 서랍은 깨끗해?

민우는 자신의 책상 서랍을 보여 주었어. 깨끗하게 정리가 잘되어 있었어.

👦 자기가 못한다고 해서 다른 사람도 못할 것이라고 생각하면 안 돼.

🧒 으으! 제발 그만해!

민우는 정말 짜증 나. 좀 떨어져 지내고 싶어. 친구가 내 행동을 지적할 때는 어떻게 하면 좋을까?

나의 고민 일기장

친구가 나의 행동이나 말을 지적한 적 있니?

그런 적이 있다면 그때를 떠올리며 나의 마음을 써 보자.

....
....
....
....
....

없다면 이런 상황에서 나는 어떻게 할지 써 보자.

....
....
....
....
....

이럴 땐, 이렇게!

 친구를 똑바로 바라보면서 이렇게 말하자. "내 일은 내가 알아서 할게." 친구가 지적한다고 해서 움츠릴 필요 없어.

 친구가 습관적으로 지적을 한다면 이렇게 말하는 게 더 나을 거야. "지적하지 말고 도와주는 건 어때?"

말을 해도 친구의 행동이 바뀌지 않는다면 무시하도록 하자. 상대방이 화내거나, 짜증 내는 반응이 재밌어서 더 그러는 것일 수도 있어. 계속 무시하고 반응하지 않으면 지루해서 그만둘 거야.

tip

나는 계속 참고 있다고 생각하지만, 표현하지 않으면 친구는 내 마음을 알 수 없어. 나의 마음을 분명하게 전달하자.

38
내가 물건을 훔쳤다고 거짓말하는 친구가 있어

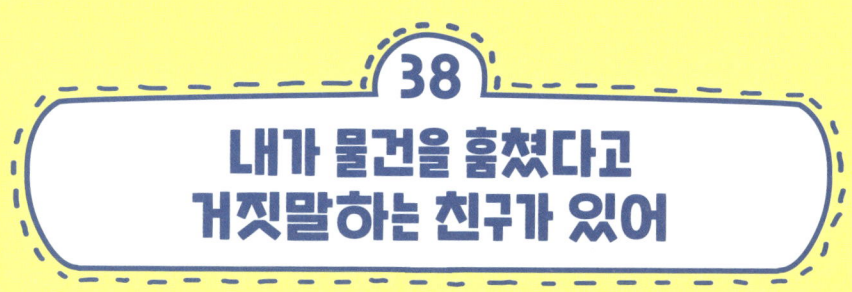

그동안 학교에 가기 싫은 적이 많았지만, 오늘처럼 가기 싫은 날은 처음이었어.

- 저 학교 안 갈래요…….
- 무슨 일 있니?
- 친구들이 저를 도둑이라고 불러요.
- 저런, 왜 그런 거니?
- 학교 화장실에 제가 민우의 필통을 훔쳤다는 거짓말이 적혀 있는데요. 다들 그걸 믿는 것 같아요.
- 누군가 거짓말을 했구나.
- 네, 맞아요.
- 학교에 안 가면 친구들은 아마 네가 훔쳤다고 생각할 수도 있어.
- 네…….
- 깨칠이는 도둑이 아니잖아? 그럼 더 당당하게 행동해야지. 씩씩하게 학교에 가자.

어쩌다 나에게 이런 일이 생겼을까? 내가 물건을 훔쳤다고 거짓말하는 친구가 있을 때는 어떻게 하면 좋을까?

나의 고민 일기장

누군가 내가 물건을 훔쳤다고 거짓말한 적 있니?

그런 적이 있다면 그때를 떠올리며 나의 마음을 써 보자.

없다면 이런 상황에서 나는 어떻게 할지 써 보자.

이럴 땐, 이렇게!

☝ 소문을 해결하는 탐정이 되자. 침착하게 소문의 내용을 적어 놓아야 해. 그래야 나중에 헷갈리지 않아. 부모님과 선생님께 이 내용을 보여주면서 이야기할 수도 있어.

✌ 거짓말을 한 친구를 찾았다면 "왜 그런 거짓말을 했어?"라고 물어보자. 잘못한 게 없으므로 당당하게 물어볼 자격이 있어. 그리고 다시는 거짓말을 하지 않겠다는 약속과 사과를 받아야 해.

✌ 만약 어떤 친구가 "네가 민우 필통을 훔쳤다며?"라고 한다면 "나는 필통을 훔친 적이 없어. 그런 말을 누구에게 들었어?"라고 되물어 보자.

tip

거짓말에는 당당히 맞서야 해. 아무 말도 하지 않고 있으면 억울한 일을 당할 수 있어.

39
나한테만 화내는 친구가 있어

민우는 복도에서 슬라이딩을 자주 해. 야구선수처럼 멋지게 슬라이딩을 하면 다른 친구들은 손뼉을 쳐줘.

 슬라이딩 천재 민우님, 저를 제자로 받아주십시오.

 오냐. 제자로 받아주마!

옆에 있던 나도 슬그머니 한마디 했지.

 민우님, 한 번 더 보여 주십시오.

 힘들어서 더 못하겠거든!

 뭐야. 왜 내가 말하면 화를 내?

 네가 이상한 소리를 하니까 그렇지!

나는 민우에게 말을 건 것을 후회했어. 역시 우리는 친해질 수 없나 봐. 다른 친구들한테는 가만히 있다가 나한테만 화내는 친구가 있을 때는 어떻게 하면 좋을까?

나의 고민 일기장

친구가 다른 아이들한테는 안 그러면서 나한테만 화내거나, 짜증 낸 적 있니?

그런 적이 있다면 그때를 떠올리며 나의 마음을 써 보자.

없다면 이런 상황에서 나는 어떻게 할지 써 보자.

이럴 땐, 이렇게!

 미안하다고 먼저 사과하자. "쟤가 말할 때는 가만히 있더니 왜 나한테만 그러니?"라고 따져봤자 소용없어. 억울하겠지만 마음 넓게 먼저 사과하자.

 이런 일이 반복된다면 친구에게 왜 그렇게 행동하는지 물어보자. 이때 화를 내거나 짜증을 내지 말고 "다른 친구들이 말할 때는 안 그러는데 왜 내가 말하면 화를 내는지 궁금해"라고 말하자.

tip

내가 말하면 환하게 웃어 주는 친구를 만나는 날도 있을 거야.

40
힘이 세다고 함부로 행동하는 친구가 있어

우리 반에는 민우마저도 꼼짝 못 하게 만드는 친구가 있어. 그 친구의 별명은 대장이야. 대장은 덩치가 크고, 목소리도 아주 커. 작은 일에도 쉽게 흥분하고 가끔은 물건을 던지기도 해. 모두 대장 앞에서는 조심히 행동하지. 그런데 내가 대장의 자리를 지나가다가 책상을 툭 건드리고 말았어.

🧑 야 왕깨칠! 내일 샤프 하나 사 와.

🧑 왜? 고장 났어?

🧑 아니, 너 때문에 바닥에 떨어졌잖아.

🧑 주워서 쓰면 되지.

🧑 시끄러워. 내일 새 샤프 하나 가져와!

대장은 늘 이렇게 행동해. 나는 화가 났지만 무서워서 그냥 자리로 돌아갔어. 덩치가 크고 힘이 세다고 함부로 행동하는 친구가 있을 때는 어떻게 하면 좋을까?

나의 고민 일기장

덩치가 크고 힘이 세다고
함부로 행동하는 친구를 본 적 있니?

그런 적이 있다면 그때를 떠올리며 나의 마음을 써 보자.

없다면 이런 상황에서 나는 어떻게 할지 써 보자.

이럴 땐, 이렇게!

☝ 놀라거나 겁먹은 모습을 보이지 말자. 그 친구가 보고 싶은 것이 그런 모습이거든. 당당하게 그만하라고 이야기하자.

✌ 그 친구가 다른 친구를 괴롭히는 것 같다면, 괴롭힘을 당하는 친구에게 힘들지 않은지 물어보자. 힘들다고 이야기하면 선생님과 부모님께 도움을 요청해야 해.

 그런 친구와 친해져서 힘을 이용하려는 생각은 하지 말자. 그럴수록 그 친구에게 얽매이기 때문이야.

tip

어떤 상황에서도 위축되지 말자. 무서워도 겉으로는 당당하게 행동하려고 노력하자.

어린이 고민 상담소
이럴 땐, 이렇게!

1판 1쇄 인쇄 2023년 5월 9일
1판 1쇄 발행 2023년 5월 16일

글 이태윤
그림 김석주
펴낸이 고병욱

기획편집실장 윤현주 **책임편집** 김지수
마케팅 이일권 김도연 함석영 김재욱 복다은 임지현
디자인 공희 진미나 백은주
제작 김기창 **관리** 주동은 **총무** 노재경 송민진

펴낸곳 청림출판(주)
등록 제1989-000026호

본사 06048 서울시 강남구 도산대로 38길 11 청림출판(주) (논현동 63)
제2사옥 10881 경기도 파주시 회동길 173 청림아트스페이스 (문발동 518-6)
전화 02-546-4341 **팩스** 02-546-8053
홈페이지 www.chungrim.com **이메일** life@chungrim.com
블로그 blog.naver.com/chungrimlife **페이스북** www.facebook.com/chungrimlife

ⓒ 이태윤, 2023

ISBN 979-11-981614-3-7(73190)

※ 이 책은 저작권법에 따라 보호를 받는 저작물이므로 무단 전재와 무단 복제를 금합니다.
※ 책값은 뒤표지에 있습니다. 잘못된 책은 구입하신 서점에서 바꾸어 드립니다.
※ 청림Life는 청림출판(주)의 논픽션·실용도서 전문 브랜드입니다.